Hannelore Blohm

Die Kartoffel

gesund, geliebt und gern gegessen

MOEWIG

Impressum

Fotos im Innenteil:
Food Redaktion, Verlagsgruppe Heinrich Bauer (S. 11, 15, 21, 29, 31, 35, 37, 41, 43, 45, 47, 51, 53, 57, 59, 61, 63, 65, 67, 71, 73, 75, 77, 81, 83, 85, 91, 93)
CMA (S. 7, 9, 23, 25, 33, 39, 49, 55, 89)
Dr. Muth PR, Hamburg (S. 13)
Union Deutsche Lebensmittelwerke (S. 17)
Frau Antjes Feinschmecker-Studio, Aachen (S. 19)
Komplett-Büro, München (S. 27, 69)
Sopexa (S. 79, 87)

Originalausgabe

Redaktion: Hannelore Blohm
Umschlagentwurf und -gestaltung: Werbeagentur Zeuner, Ettlingen
Umschlagfoto: Food Redaktion, Verlagsgruppe Heinrich Bauer
Auslieferung in Österreich: Pressegroßvertrieb Salzburg Gesellschaft m.b.H., Niederalm 300, A-5081 Anif
Printed in Germany 1989
Druck und Bindung: Mohndruck Graphische Betriebe GmbH, Gütersloh
ISBN 3-8118-1128-2

Gefüllte Backble

Zutaten:
16 große Kartoffeln
(festkochend)
Salz
Alufolie

Gewaschene Kartoffeln mit Schale in Alufolie wickeln. Im vorgeheizten Backofen bei 200° (Gas: Stufe 3/Umluft: 180°) 1 Stunde backen. Aus der Folie wickeln und aufbrechen.
Füllungen für je 4 Stück:
1. Eine gehackte Zwiebel in 10 g Butter anbraten. 2 Minuten blanchierten Spinat (500 g) zugeben. Würzen. Mit 4 EL Crème fraîche und

rtoffeln

100 g Krabben in die Kartoffeln füllen.
2. Vier kleine Eier verquirlen, salzen, pfeffern, in 20 g Butter zu Rührei braten. Mit 3 Scheiben gebratenem Speck und Schnittlauch auf 4 Kartoffeln anrichten.
3. 200 g Fleischsalat (gekauft) mit Curry würzen. Kartoffeln füllen. Mit Cornichonscheiben und Petersilie garnieren.
4. Zwei Lauchzwiebeln in Ringen mit 250 g Quark, 3 EL Sahne, Salz und Peffer verrühren. Kartoffeln füllen. Mit Kirschtomaten garnieren.

Zubereitungszeit 1 Stunde

Appetit auf Kartoffeln?

Das darf doch sicher mal gesagt werden: Mit besonders schönem Aussehen sind unsere Kartoffeln, diese braunen Knollen, eigentlich nicht gesegnet. Aber: Es ist ein Segen, daß es sie gibt. Denn ohne sie müßten wir auf unsere liebste Beilage zu allen herzhaften Gerichten verzichten. Es gäbe keine Salz-, Pell- und Bratkartoffeln, kein Püree und kein Gratin, und auch keine Kartoffelsuppe. Die Kinder müßten auf ihre geliebten Pommes, die Bayern auf ihre Knödel und die Kölner auf ihre Rievkooche verzichten. Ja, wo kämen wir denn hin, wenn wir keine Kartoffeln hätten.

Ob sie nun schön aussehen oder nicht. Hauptsache, sie schmecken. Und daran besteht überhaupt kein Zweifel. Auch nicht daran, daß die Knolle so ungeheuer wandlungsfähig ist. Schon als Pellkartoffel – also ohne aufwendige Zubereitung –, macht sie uns Appetit. Erst recht, wenn sie total verwandelt auf den Tisch kommt, z. B. als Suppe oder zu Klößen gerollt. Mit Kartoffeln läßt sich zaubern. Wir beweisen es mit unseren originellen Rezepten, zu denen wir Ihnen hervorragende Fotos liefern – so richtig appetitanregend. Wäre noch zu sagen, daß Kartoffeln supergesund sind, weil sie zahlreiche Vitamine und Mineralstoffe, leicht verdauliche Stärke und hochwertiges Eiweiß enthalten. Grund genug, sie häufig zu essen. Aber dazu muß und niemand auffordern. Oder können Sie sich unser Essen ohne Kartoffeln vorstellen?

Übrigens: Alle Rezepte sind – wenn nicht anders vermerkt – für 4 Personen berechnet.

Pellkartoffeln mit zweierlei Quark

Zutaten:

Für den Gemüsequark:

- 1 Zwiebel
- 4 kleine Gewürzgurken
- 2 Tomaten
- 1 Bund Radieschen
- 1 Bund Schnittlauch
- 500 g Speisequark
- 2 Becher (à 150g) saure Sahne
- je 1 EL Kräutersenf und Tomatenmark
- Salz, weißer Pfeffer

Für den Gurkenquark:

- 1 kleine Salatgurke
- 2 Knoblauchzehen
- je 1 Bund Petersilie, Dill und Schnittlauch
- 500 g Speisequark (20% Fett)
- ⅛ l Buttermilch
- Salz, weißer Pfeffer

Außerdem:

- 1,5 kg Kartoffeln festkochend

Für den Gemüsequark Zwiebel schälen und würfeln. Gewürzgurke und gewaschene Tomaten ebenfalls würfeln. Radieschen putzen, waschen und in Stifte schneiden. Schnittlauch abspülen, trockenschütteln und in Röllchen schneiden. Alles mit Quark, saurer Sahne, Senf und Tomatenmark verrühren. Mit Salz und Pfeffer würzen. Durchziehen lassen.

Für den Gurken-Quark Salatgurke schälen, halbieren und die Kerne entfernen. Das Fruchtfleisch grob raspeln. Knoblauch schälen und fein würfeln. Kräuter abspülen, trockenschütteln und fein schneiden. Alles mit Quark und Buttermilch verrühren. Mit Salz und Pfeffer würzen. Durchziehen lassen.

Kartoffeln gründlich waschen und in Salzwasser ca. 25 Minuten kochen. Abgießen und zum Quark reichen.

Zubereitungszeit ca. 1 Stunde

Rheinischer Döppekooche

Zutaten:

- 1 altes Brötchen
- 1 Tasse Milch
- 1,5 kg AckerGold-Kartoffeln (festkochend)
- 250 g durchwachsener, geräucherter Speck
- 2 Zwiebeln
- 2 EL Öl
- 1 Ei
- Salz
- weißer Pfeffer
- geriebene Muskatnuß

Brötchen in heiße Milch legen. Kartoffeln schälen, waschen und fein raspeln. Speck würfeln. Zwiebeln schälen und in feine Würfel schneiden.

Öl in einer großen flachen Auflaufform (am besten Gußeisen) erhitzen. Den Speck darin auslassen. Kartoffeln, Zwiebeln, Ei und das Brötchen mit der Milch zufügen. Mit Salz, Pfeffer und Muskatnuß würzen und alles gut miteinander mischen. Im vorgeheizten Backofen (E-Herd: 200°/Gasherd: Stufe 3/Umluft: 180°) in ca. 1 ½ Stunden knusprig braun backen.

Zubereitungszeit ca. 2 Stunden

Unser Tip

Im Rheinland wird dazu Apfelmus, gelegentlich auch frischer Salat serviert. Und im „Ur-Rezept“, das aus dem Gebiet des Mittelrheins stammt, werden die Kartoffeln sehr fein gerieben.

Béchamel-Kartoffeln mit Majoran

Zutaten:
1 kg Kartoffeln
Salz
2 mittelgroße Zwiebeln
50 g Butter oder Margarine
40 g Mehl
½ l klare Brühe
1 Becher (200 g) Schlagsahne
weißer Pfeffer
1 EL mittelscharfer Senf
250 g gekochter Schinken
8 Stiele frischer Majoran oder 1 TL getrockneter

Kartoffeln waschen und in reichlich Salzwasser 20–25 Minuten kochen. Abgießen, die Schale abziehen und die Kartoffeln in Scheiben schneiden.

Zwiebeln schälen und würfeln. Fett erhitzen und die Zwiebeln darin glasig braten. Mehl zugeben und unter Rühren anschwitzen. Mit Brühe und Sahne ablöschen. Ca. 5 Minuten köcheln lassen. Mit Salz, Pfeffer und Senf abschmecken.

Schinken in Würfel schneiden. Mit den Kartoffeln in die Soße geben und darin erhitzen. Majoran vorsichtig abspülen, trockentupfen und die Blättchen fein hacken. Unter die Kartoffeln mischen und eventuell noch mit Salz und Pfeffer nachschmecken.

Zubereitungszeit ca. 1 Stunde

Unser Tip

Am besten schmecken die Bechamel-Kartoffeln, wenn Sie frische Kräuter verwenden. Sie können statt Majoran auch Basilikum, Schnittlauch oder Petersilie nehmen.

Kalte Kartoffelsuppe mit Tomaten und Kerbel

Zutaten:
500 g Kartoffeln (mehlig)
200 g Knollensellerie
2 Zwiebeln
3 EL Sojaöl
1 l klare Brühe (Instant)
1 Becher (200 g) Schlagsahne
Salz
weißer Pfeffer
1 Prise geriebene Muskatnuß
4 mittelgroße Tomaten
1 Handvoll frischer Kerbel oder 1 TL getrockneter

Kartoffeln schälen, waschen und grob würfeln. Sellerie schälen, waschen und ebenfalls grob würfeln. Zwiebeln schälen und würfeln.

Öl in einem Topf erhitzen. Zwiebeln, Kartoffeln und Sellerie darin anbraten. Mit Brühe ablöschen und 20-25 Minuten kochen. Alles mit dem Schneidstab des Handrührgerätes oder im Mixer pürieren.

Sahne unterrühren und mit Salz, Pfeffer und Muskatnuß abschmecken. Einmal kurz durchkochen und die Suppe auskühlen lassen.

Tomaten waschen, vierteln, entkernen und in Würfel schneiden. Die Kartoffelsuppe mit Tomatenwürfeln und Kerbelblättchen anrichten.

Zubereitungszeit ca. 40 Minuten

UNSER TIP

Die Suppe bekommt eine frische Note, wenn Sie statt Knollensellerie 200 g Salatgurke mitpürieren und dann statt Kerbel eine Handvoll Dill zugeben.

Sojaöl

Kartoffelpüree mit Tomaten und Chili

Zutaten:

- 1 kg Kartoffeln (mehlig)
- Salz
- 250 g Tomaten
- ½ Bund Lauchzwiebeln
- 40 g Butter oder Margarine
- ⅛ l Milch
- 1 Messerspitze Chilipulver
- 1 Prise Cayennepfeffer
- einige Tropfen Tabasco

Kartoffeln schälen, waschen und in grobe Stücke schneiden. In Salzwasser ca. 20 Minuten kochen.

Tomaten einritzen, mit kochendem Wasser übergießen, kalt abschrecken und die Haut abziehen. Tomaten entkernen und in kleine Würfel schneiden. Lauchzwiebeln putzen, waschen und in feine Ringe schneiden.

20 g Fett erhitzen. Die Lauchzwiebeln darin glasig werden lassen. Tomaten zufügen und erhitzen.

Kartoffeln abgießen, aber das Kartoffelwasser auffangen. Milch erhitzen. Kartoffeln mit einem Kartoffelstampfer zerdrücken. Milch und ⅛ l Kartoffelwasser nach und nach zugeben.

Lauchzwiebeln und Tomaten unterrühren. Mit dem restlichen Fett verfeinern. Mit Chilipulver, Cayennepfeffer und Tabasco abschmecken.

Zubereitungszeit ca. 45 Minuten

Unser Tip

Gut passen zu diesem Kartoffelpüree Schweinekoteletts oder Bratwürste und Erbsen-Möhren-Gemüse.

Backblechkartoffeln mit Kräutercreme

Zutaten:
- $^3/_8$ l Milch
- 20 g Speisestärke
- 2 Ecken Milkana-Schmelzkäse, Gold
- 1 Ei
- Salz
- 1 Prise Zucker
- 50 g Sanella
- 1 kg Kartoffeln
- Kümmel
- 1 Bund Petersilie
- 1 Bund Schnittlauch
- 1 kleine Salatgurke
- weißer Pfeffer

Milch, Speisestärke, Schmelzkäse, Ei, etwas Salz, Zucker und 20 g Margarine in einen Topf geben und unter ständigem Rühren aufkochen. Auskühlen lassen.

Kartoffeln gründlich waschen, längs halbieren und mit der Schnittfläche nach oben auf ein Backblech legen. Restliche Margarine schmelzen und die Schnittflächen damit bestreichen. Mit Salz und Kümmel bestreuen. Im vorgeheizten Backofen (E-Herd: 225°/Gasherd: Stufe 4/Umluft: 190°) 40–45 Minuten backen.

Kräuter abspülen, trockenschütteln und fein schneiden. Gurke waschen. Mit Schale oder geschält in kleine Stücke schneiden oder grob raspeln. Kräuter und Gurke unter die kalte Käsecreme rühren. Mit Salz und Pfeffer abschmecken.

Zubereitungszeit ca. 1 Stunde

Unser Tip

Wer's etwas gehaltvoller mag, legt 15 Minuten vor Ende der Garzeit dünne Scheiben Frühstücksspeck auf die Kartoffeln.

Kartoffel-Käse-Plätzchen

Zutaten:
- 75 g Frühstücksspeck (Bacon)
- 2 Zwiebeln
- 1 Packung Krokettenteig
- 1 Bund Schnittlauch
- 1 Bund Petersilie
- Salz
- weißer Pfeffer
- 150 g Maasdamer Käse
- Butterschmalz zum Braten

Frühstücksspeck würfeln. Zwiebeln schälen und würfeln.

Speck in einer Pfanne auslassen. Zwiebeln zufügen und beides goldgelb braten.

Krokettenpulver nach Packungsanweisung zubereiten. Kräuter abspülen, trockenschütteln und fein schneiden. Maasdamer Käse würfeln.

Speck-Zwiebel-Gemisch, Kräuter, Salz, Pfeffer und Käsewürfel unter den Krokettenteig arbeiten.

Eine Rolle formen, in 8 Scheiben schneiden.

Butterschmalz erhitzen. Die Plätzchen pro Seite 3-4 Minuten braten. Heiß servieren.

Zubereitungszeit ca. 40 Minuten

Unser Tip

Bieten Sie zu den Kartoffel-Plätzchen einen Tomatensalat mit einer Essig-Öl-Marinade und kleingewürfelter Zwiebeln an.

Kartoffel-Mandeltorte

Zutaten:

250 g Kartoffeln (mehlig)
200 g ungeschälte Mandeln
6 Eier
200 g Zucker
Schale 1 unbehandelten Zitrone
2 EL Puderzucker
1 EL Kakao
Backpapier
1 Dekor-Kuchen-Schablone (gibt's in Haushaltsgeschäften)

Kartoffeln gründlich waschen und ca. 20 Minuten kochen. Dann abgießen, die Schale abziehen und auskühlen lassen.

Mandeln und Kartoffeln fein reiben. Eier trennen. Eiweiß und Zucker steif schlagen. Eigelb, Mandeln, Kartoffeln und Zitronenschale unterziehen.

Den Boden einer Springform (26 cm Durchmesser) mit Backpapier auslegen. Teig einfüllen und glattstreichen. Im vorgeheizten Backofen (E-Herd: 200°/Gasherd: Stufe 3/Umluft: 180°) ca. 45 Minuten backen.

Torte etwas abkühlen lassen. Dann vorsichtig aus der Form lösen. Vollständig auskühlen lassen. Torte mit Puderzucker bestäuben. Schablone vorsichtig auflegen und den Kakao überstäuben. Schablone abnehmen.

Zubereitungszeit ca. 1 ½ Stunden (ohne Wartezeit)

UNSER TIP

Intensiviert angenehm den guten Mandelgeschmack der Torte: Mit passierter und erhitzter Aprikosenkonfitüre einstreichen. Marzipanrohmasse mit Puderzucker verkneten, ausrollen und die Torte damit überziehen.

Kartoffel-Eier-Pfanne mit Kräutern

Zutaten:
- 1 kg AckerGold-Kartoffeln (festkochend)
- Salz
- 4 große Zwiebeln
- 75 g Butter
- weißer Pfeffer
- 1 Bund Petersilie
- 1 Bund Schnittlauch
- 6 deutsche Eier
- 1 Becher (250 g) Schlagsahne

Kartoffeln gründlich waschen und in Salzwasser ca. 20 Minuten kochen. Abgießen, die Schale abziehen und die Kartoffeln auskühlen lassen. Dann in Scheiben schneiden.

Zwiebeln schälen und würfeln. Butter in einer großen Pfanne erhitzen und die Kartoffeln darin goldbraun braten. Zwiebeln zufügen und mit anrösten. Mit Salz und Pfeffer würzen.

Kräuter abspülen und trockenschütteln. Petersilie fein hacken, Schnittlauch in Röllchen schneiden.

Eier und Sahne verquirlen. Mit Salz und Pfeffer würzen, Kräuter unterrühren. Auf die Bratkartoffeln gießen und stocken lassen.

Zubereitungszeit ca. 30 Minuten (ohne Wartezeit)

Unser Tip

Die Kombination von Eiern und Kartoffeln ist ideal, weil sich tierisches und pflanzliches Eiweiß vorzüglich ergänzen. Ein gemischter Salat dazu – und Sie bringen ein gesundes, gehaltvolles Essen auf den Tisch.

Kartoffelsalat mit Thunfisch

Zutaten:

500 g Kartoffeln (festkochend)
Salz
3 Eier
1 rote Paprikaschote
1 Bund Lauchzwiebeln
100 g tiefgefrorene Erbsen
2 Knoblauchzehen
4 EL Weißweinessig
weißer Pfeffer
6 EL Öl
1 Dose Thunfisch (naturell)

Kartoffeln gründlich waschen und in Salzwasser ca. 20 Minuten kochen. Abgießen, die Schale abziehen und auskühlen lassen. Dann in Scheiben schneiden.

Eier 10 Minuten hart kochen. Mit kaltem Wasser abschrecken, schälen und achteln. Paprikaschote vierteln, putzen, waschen und in kleine Stücke schneiden. Lauchzwiebeln putzen, waschen und in Ringe schneiden. Erbsen in kochendem Wasser blanchieren. Abgießen, kalt abschrecken und abtropfen lassen.

Knoblauch schälen und fein würfeln. Essig, Salz, Pfeffer und Knoblauch verrühren. Öl unterrühren. Die vorbereiteten Zutaten zufügen und mischen. Thunfisch mit einer Gabel zerpflücken und vorsichtig unterheben.

Zubereitungszeit ca. 30 Minuten (ohne Wartezeit)

UNSER TIP

Statt Thunfisch können Sie auch geräucherten Fisch, z. B. Schillerlocken oder Makrelen verwenden. Und wenn Sie Heilbutt hineingeben, haben Sie einen Salat der Sonderklasse.

Kartoffel-Gratin

Zutaten:
- 1 kg Kartoffeln
- 1 Bund Petersilie
- Salz
- weißer Pfeffer
- ½ TL getrockneter Thymian
- 100 g Emmentaler
- 1 Knoblauchzehe
- 400 ml Alpensahne
- Fett für die Form

Kartoffeln schälen, waschen und in dünne Scheiben schneiden. Petersilie abspülen, trockenschütteln und fein hacken.

Kartoffeln mit Salz, Pfeffer, Petersilie und Thymian mischen. Käse reiben.

Eine Auflaufform mit Fett ausstreichen. Knoblauchzehe schälen und durch eine Knoblauchpresse drücken. In der Auflaufform verteilen. Abwechselnd eine nicht zu dicke Lage Kartoffeln einfüllen und mit Käse bestreuen. Mit einer Schicht Käse abschließen. Alpensahne darübergießen. Im vorgeheizten Backofen (E-Herd: 225°/Gasherd: Stufe 4/Umluft: 190°) 30-40 Minuten backen.

Zubereitungszeit ca. 70 Minuten

Unser Tip

Das Gratin eignet sich ebenso gut als Beilage zu Braten wie als selbständiges Gericht, zu dem grüner Salat ausgezeichnet schmeckt.

Gemüseklöße und Schweinegulasch

Zutaten:

1 Zwiebel
75 g durchwachsener geräucherter Speck
600 g Schweinegulasch
4 EL Öl
Salz
schwarzer Pfeffer
2 Lorbeerblätter
2 Wacholderbeeren
3 mittelgroße Möhren
1 kleine Stange Porree (Lauch)
50 g mittelalter Gouda
1 Packung Rohe Klöße (für 8 Stück)
40 g Mehl
½ Becher (100 g) Schlagsahne
1 Bund Petersilie

Zwiebel schälen und würfeln. Speck ebenfalls würfeln. Fleisch kurz abspülen und trockentupfen.

Öl erhitzen und den Speck darin glasig werden lassen. Fleisch portionsweise darin anbraten. Zuletzt die Zwiebel mit anrösten. Mit Salz und Pfeffer würzen. Mit ¾ Liter Wasser ablöschen. Lorbeer und Wacholderbeeren zufügen. Zugedeckt ca. 1 Stunde schmoren.

Möhren und Porree putzen, waschen und in feine Streifen schneiden. In kochendem Salzwasser kurz blanchieren. Käse fein raspeln.

Kloßpulver, Gemüse und Käse in ½ Liter kaltes Wasser rühren und 10 Minuten quellen lassen. Klöße daraus formen. In reichlich kochendes Salzwasser geben, aufkochen, Hitze reduzieren, Klöße ca. 20 Minuten garziehen lassen.

Mehl und Sahne verrühren. Das Gulasch damit binden und noch fünf Minuten kochen. Petersilie waschen, trockenschütteln und fein hacken. Gulasch und Klöße zusammen anrichten und mit Petersilie bestreuen.

Zubereitungszeit ca. 1 ¼ Stunden

Kartoffel-Gemüse-Suppe

Zutaten:
- 800 g Kartoffeln (mehlig)
- 1 Bund Suppengrün
- 125 g durchwachsener geräucherter Speck
- ¾ l Hühnerbrühe (Instant)
- 50 g Kartoffelpüreepulver (aus der Packung)
- Salz
- weißer Pfeffer
- 1 Bund Schnittlauch

Kartoffeln schälen, waschen und in mundgerechte Stücke schneiden.

Suppengrün putzen und waschen. Möhren in Scheiben, Porree in feine Ringe schneiden. Petersilienwurzel und Sellerie klein würfeln; auch den Speck.

Speck in einem Topf auslassen. Etwa die Hälfte herausnehmen und beiseite stellen. Kartoffeln und Gemüse (bis auf die Porreeringe) in den Topf geben und kurz anbraten. Brühe abgießen und ca. 25 Minuten kochen lassen.

Kartoffelpüreepulver und Porree einrühren und einmal aufkochen lassen. Mit Salz und Pfeffer abschmecken. Schnittlauch abspülen, trockenschütteln und in feine Röllchen schneiden. Mit den Speckwürfeln auf die Suppe streuen.

Zubereitungszeit ca. 1 Stunde

Unser Tip

Wer die Suppe etwas gehaltvoller mag, rundet sie noch mit zwei Eßlöffeln Crème fraîche ab.

Hessisches Bauernfrühstück

Zutaten:
- 800 g AckerGold-Kartoffeln (festkochend)
- Salz
- 3 Zwiebeln
- 60 g Butter
- 1 Becher (250 g) Schlagsahne
- weißer Pfeffer
- 1 TL Zitronensaft
- 1 Bund Petersilie oder Schnittlauch
- 200 g Schinken in Scheiben

Kartoffeln gründlich waschen und in Salzwasser ca. 20 Minuten kochen. Abgießen, die Schale abziehen und die Kartoffeln in Scheiben schneiden. Zwiebeln schälen und würfeln.

Butter in einer Pfanne zerlassen und die Zwiebeln darin goldgelb braten. Kartoffeln zugeben und unter Wenden goldbraun braten.

Sahne angießen. Mit Salz, Pfeffer und Zitronensaft würzen. Die Sahne erhitzen. Petersilie oder Schnittlauch abspülen und trockenschütteln. Petersilie fein hacken, Schnittlauch in Röllchen schneiden. Kurz vor dem Servieren Petersilie oder Schnittlauch unterziehen und das Bauernfrühstück mit Schinkenröllchen belegen.

Zubereitungszeit ca. 40 Minuten

Unser Tip

In der Hauptsaison schmeckt dieses Gericht ausgezeichnet zu frischem gekochtem Stangenspargel.

Kartoffel-Pfannkuchen österreichische Art

Zutaten:

- 500 g Kartoffeln
- 100 g Rosinen
- 4 Eier
- ½ Becher (100 g) Schlagsahne
- 1 Prise Salz
- Öl zum Braten
- 2 EL Puderzucker

Kartoffeln gründlich waschen und ca. 20 Minuten kochen. Die Schale abziehen und die Kartoffeln auskühlen lassen.

Rosinen waschen und trockentupfen. Kartoffeln durch eine Kartoffelpresse drücken. Mit Eiern, Sahne, Salz und Rosinen verrühren.

Portionsweise Öl in einer Pfanne erhitzen und Teig hineingeben. Jeweils die Unterseiten bräunen. Dann die Pfannkuchen wenden, sofort mit einer Gabel in grobe Stücke zerpflücken und zu Ende braten.

Kartoffel-Pfannkuchen mit Puderzucker bestäubt anrichten.

Zubereitungszeit ca. 40 Minuten (ohne Wartezeit)

Unser Tip

Den Kartoffel-Pfannkuchen können Sie zusätzlich mit gerösteten Mandelstiften bestreuen. Gut dazu schmeckt Pflaumen- oder Kirschkompott.

Reibekuchen mit Bauernsalat

Zutaten:
- 1 Bund Lauchzwiebeln
- 4 Tomaten
- 200 g Schafskäse
- 100 g schwarze Oliven
- etwas Kräuteressig und Olivenöl
- schwarzer Pfeffer
- 1,5 kg große Kartoffeln
- 2 Zwiebeln
- 3 Eier
- Salz
- 1 TL getrockneter Thymian
- ca. 150 g Butterschmalz zum Braten

Lauchzwiebeln putzen, waschen und in Ringe schneiden. Tomaten waschen, halbieren, nach Belieben die Kerne entfernen und die Tomaten würfeln. Schafskäse zerbröckeln. Lauchzwiebeln, Tomaten, Oliven und Schafskäse mischen. Mit etwas Essig und Öl beträufeln und mit Pfeffer würzen.

Kartoffeln und Zwiebeln schälen. Beides fein reiben. Eier, Salz, Pfeffer und Thymian zufügen und verrühren.

Jeweils etwas Butterschmalz in einer Pfanne erhitzen und nacheinander 8 große Reibekuchen auf beiden Seiten goldbraun braten.

Schafskäse-Gemüse-Mischung darauf verteilen und sofort servieren.

Zubereitungszeit ca. 1 ½ Stunden

Unser Tip

Liebhaber von Knoblauch fügen dem Bauernsalat noch 1–2 kleine gewürfelte Knoblauchzehen hinzu, außerdem eine Paprikaschote in Streifen.

Würziger Kartoffelauflauf

Zutaten:
- 2 Becher (à 250 g) Schlagsahne
- ⅛ l Milch
- 1 kg AckerGold-Kartoffeln (festkochend)
- 4 Eigelb
- Butter für die Form
- Salz
- weißer Pfeffer
- 1 TL Kümmel
- 80-100 g Butter
- 100 g Emmentaler
- 1 EL gehackte Petersilie

Schlagsahne und Milch aufkochen und abkühlen lassen.

Kartoffeln schälen, waschen und in dünne Scheiben schneiden. Sorgfältig trocken tupfen. Eigelb in der Sahne-Milch verquirlen.

Eine Auflaufform mit Butter einfetten. Kartoffeln einschichten. Jede Schicht mit Salz, Pfeffer und Kümmel bestreuen. Die Hälfte der Butter in Flöckchen darauf verteilen und mit dem Käse bestreuen. Darauf die Eigelb-Sahnemischung gießen. Den Auflauf mit der restlichen Butter in Flöckchen belegen.

Im vorgeheizten Backofen (E-Herd: 225°/Gasherd: Stufe 4/Umluft: 190°) 60-70 Minuten backen. 10 Minuten vor Ende der Garzeit mit der gehackten Petersilie bestreuen und mit Alufolie abdecken, damit der Auflauf nicht zu braun wird.

Zubereitungszeit ca. 1 ½ Stunden

Unser Tip

Diesen Kartoffelauflauf können Sie als eigenständiges Gericht essen, oder – wenn Sie die Zutatenmenge halbieren – als Beilage zu Schweine- oder Lammbraten reichen.

Kartoffel-Ei-Salat mit Hähnchenfleisch

Zutaten:
- 1 kg Kartoffeln (festkochend)
- Salz
- 2 Zwiebeln
- 5 EL Salatmayonnaise
- 1 Becher Magermilchjoghurt
- weißer Pfeffer
- 1 Prise Zucker
- 1 kleines Brathähnchen, (fertig gekauft)
- 100 g gekochter Schinken
- ½ Salatgurke
- 3 hartgekochte Eier
- 1 Bund Schnittlauch
- 1 kleiner Kopfsalat

Kartoffeln waschen und in reichlich Salzwasser ca. 20 Minuten kochen. Die Schale abziehen und die Kartoffeln auskühlen lassen.

Zwiebeln schälen und fein würfeln. Mayonnaise, Magermilchjoghurt und Zwiebelwürfel verrühren. Mit Salz, Pfeffer und Zucker abschmecken.

Kartoffeln in sehr dünne Scheiben schneiden. Mit der Salatsoße mischen. 30 Minuten durchziehen lassen.

Hähnchen häuten, Fleisch von den Knochen lösen und in mundgerechte Stücke schneiden. Schinken in breite Streifen schneiden. Gurke waschen und fein würfeln. Eier mit einem Eierschneider sechsteln.

Schnittlauch und Salat waschen und abtropfen lassen. Schnittlauch in feine Röllchen schneiden. Vom Kopfsalat die großen Blätter nehmen, waschen, trockenschleudern und eine Schüssel damit auslegen. Salatzutaten zu den Kartoffelscheiben geben. Mischen, nachschmecken und anrichten.

Zubereitungszeit ca. 45 Minuten (ohne Wartezeit)

Unser Tip

Brathähnchen und gekochten Schinken können Sie auch einmal durch 4 Wiener Würstchen austauschen.

Herzhafter Kartoffel-Gurken-Salat

Zutaten:
1,25 kg Kartoffeln (festkochend)
Salz
Für die Mayonnaise:
1 Ei
2 EL Kräuteressig
3 TL scharfer Senf
weißer Pfeffer
1 Prise Zucker
⅛ l Öl
Außerdem:
2 Zwiebeln
250 g Gewürzgurken (aus dem Glas)

Kartoffeln gründlich waschen und in reichlich Salzwasser ca. 20 Minuten kochen. Kartoffeln abgießen, noch heiß die Schale abziehen und die Kartoffeln auskühlen lassen.

Für die Mayonnaise Ei, Essig, Senf, Salz, Pfeffer und Zucker in einen hohen Rührbecher geben. Mit dem Schneidstab des Handrührgerätes (oder im elektrischen Mixer) verquirlen. Das Öl nach und nach unterschlagen, bis eine cremige Masse entstanden ist.

Kartoffeln in Scheiben schneiden. Zwiebeln schälen und würfeln. Gewürzgurken längs halbieren und in Scheiben schneiden.

Kartoffel- und Gurkenscheiben, Zwiebelwürfel, Mayonnaise und 6 Eßlöffel Gurkensud in einer Schüssel gut mischen. Ca. 1 Stunde durchziehen lassen.

Zubereitungszeit ca. 40 Minuten (ohne Wartezeit)

Unser Tip

Dazu schmeckt gebratenes Kasseler: 750 g Kasseler im vorgeheizten Backofen (E-Herd: 200°/Gasherd: Stufe 3/ Umluft: 180°) ca. 1 Stunde braten.

Kartoffelsalat mit Ananas und Linsen

Zutaten:

1 kg Kartoffeln (festkochend)
Salz
125 g Linsen
⅜ l Gemüsebrühe (Instant)
1 Dose (425 g) Ananas in Scheiben
2 EL Zitronensaft
½ Bund Lauchzwiebeln

Für die Salatsoße:

2 Becher Magermilchjoghurt
3 EL Salatmayonnaise
2 EL Zitronensaft
Salz
weißer Pfeffer
Curry
1 Prise Zucker

Kartoffeln waschen und in Salzwasser ca. 20 Minuten kochen. Linsen in der Gemüsebrühe 20–30 Minuten kochen.

Kartoffeln abgießen, die Schale abziehen und die Kartoffeln in Scheiben schneiden. Ananas abtropfen lassen, den Saft dabei auffangen.

Kartoffeln mit 4 Eßlöffel Ananassaft und Zitronensaft marinieren. Lauchzwiebeln putzen, waschen und in Ringe schneiden. Ananas in Stücke schneiden.

Joghurt, Mayonnaise, Zitronensaft und 2–3 Eßlöffel Ananassaft verrühren. Salatsoße mit Salz, Pfeffer, Curry und Zucker abschmecken.

Alle Salatzutaten und die abgegossenen Linsen mit der Salatsoße mischen. Abschmecken und 30 Minuten durchziehen lassen.

Zubereitungszeit ca. 1 Stunde

Kartoffelklöße mit Speck-Pflaumen

Zutaten:

125 g durchwachsener
geräucherter Speck
800 g Kartoffeln
(mehlig)
Salz
ca. 100 g Speisestärke
⅛ l Milch
8–10 Backpflaumen
ohne Stein

Speck fein würfeln und in einer Pfanne knusprig ausbraten. Auf Küchenpapier gut abtropfen lassen.

Kartoffeln schälen, waschen und ca. 20 Minuten in Salzwasser kochen. Abgießen und noch heiß durch eine Kartoffelpresse drücken. Mit Speisestärke, Salz und kochendheißer Milch zu einem glatten Teig verkneten. Sollte der Teig zu weich sein, noch etwas Speisestärke unterarbeiten.

Aus dem Teig mit angefeuchteten Händen 8–10 gleichgroße Klöße formen. Dabei jeweils etwas Speck und eine Backpflaume einarbeiten.

Die Klöße in kochendes Salzwasser legen, aufkochen und bei schwacher Hitze 20–30 Minuten garziehen lassen. Die Klöße sind gar, wenn sie an der Oberfläche schwimmen.

Zubereitungszeit ca. 1 Stunde

Unser Tip

Die Klöße als Beilage zu Kasseler-Braten, Rinder- oder Wildgulasch reichen.

Bauernpfanne mit Porree

Zutaten:

1 kg AckerGold-Kartoffeln (festkochend)
Salz
1 Stange Porree (Lauch)
125 g durchwachsener, geräucherter Speck
4 EL Butter
4 Eier
6 EL Schlagsahne
2 EL gemischte, gehackte Kräuter
weißer Pfeffer

Kartoffeln gründlich waschen und in Salzwasser ca. 20 Minuten kochen. Abgießen, die Schale abziehen und die Kartoffeln grob würfeln.

Porree putzen, waschen und in Streifen schneiden. Speck würfeln.

Speck in einer großen Pfanne glasig braten. Butter zugeben und erhitzen. Kartoffeln zufügen und unter gelegentlichem Wenden goldgelb rösten. Zum Schluß die Porreestreifen zugeben und kurz mitrösten. Eier, Sahne und Kräuter verquirlen! Mit Salz und Pfeffer abschmecken. Auf die Kartoffelwürfel gießen und stocken lassen. Wenden und goldbraun braten.

Zubereitungszeit ca. 1 Stunde

UNSER TIP

Das Wenden geht ganz einfach, wenn Sie den Kartoffelpfannkuchen auf den Pfannendeckel oder einen großen Teller gleiten lassen und umgekehrt wieder in die Pfanne zurückgleiten lassen.

Kartoffel-Paprika-Kuchen

Zutaten:

- 2 kg Kartoffeln (mehlig)
- 6 Eigelb
- 2 Becher (à 150 g) saure Sahne
- Kräutersalz
- weißer Pfeffer
- Edelsüß-Paprika
- je 2 rote und grüne Paprikaschoten
- Fett für die Fettpfanne
- 75 g Frühstücksspeck
- bunter Gewürzpfeffer

Kartoffeln schälen, waschen und auf einer Reibe oder in der Küchenmaschine grob raspeln. Mit Eigelb und Sahne verrühren. Mit Kräutersalz, Pfeffer und Edelsüß-Paprika würzen.

Paprikaschoten vierteln, putzen, die weißen Kerne entfernen und waschen. Paprika in feine Streifen schneiden. Zu den Kartoffeln geben und gut mischen.

Kartoffelmasse auf eine gefettete Fettpfanne des Backofens streichen. Mit halbierten Speckscheiben belegen. Mit dem Gewürzpfeffer bestreuen. Im vorgeheizten Backofen (E-Herd: 200°/Gasherd: Stufe 3/Umluft: 180°) 40–50 Minuten backen.

Zubereitungszeit ca. 1 ¾ Stunden

UNSER TIP

Der Kartoffel-Paprika-Kuchen ist ideal für einen deftigen Imbiß oder ein rustikales Party-Buffet. Und dazu schmeckt ein kühles Bier so gut wie ein guter Rotwein.

Kartoffel-Sahne-Püree mit Pilzen

Zutaten:
- 30 g getrocknete Steinpilze
- 1 kg Kartoffeln (mehlig)
- Salz
- 2 Zwiebeln
- 20 g Butter oder Margarine
- ¼ l Milch
- ½ Becher (100 g) Schlagsahne
- 1 Bund Petersilie
- weißer Pfeffer

Steinpilze unter fließendem Wasser abspülen. In reichlich Wasser einweichen.

Kartoffeln schälen, waschen und in grobe Stücke schneiden. Mit Wasser bedeckt und 1 Teelöffel Salz ca. 25 Minuten kochen.

Zwiebeln schälen und würfeln. Steinpilze gut abtropfen lassen und fein schneiden.

Fett erhitzen. Zwiebeln und Pilze darin anbraten. Milch und Sahne erhitzen. Kartoffeln abgießen und mit einem Kartoffelstampfer zerdrücken. Milch und Sahne angießen und gut verrühren.

Petersilie waschen und fein hacken. Zwiebel-Pilz-Gemisch und Petersilie unter das Püree rühren. Mit Salz und Pfeffer abschmecken.

Zubereitungszeit ca. 40 Minuten

UNSER TIP

Das Kartoffel-Sahne-Püree ist eine feine Beilage zu Schweine- oder Rinderfilet und Broccoli-Gemüse. Für die schnelle Küche nur ein paar Spiegeleier und Salat dazu reichen.

Kartoffel-Spinat-Nockerln mit Kräutern

Zutaten:

500 g Kartoffeln (festkochend)
Salz
100 g Spinat
1 EL Butter
175 g Allgäuer Emmentaler
1 Bund Petersilie
1 Bund Schnittlauch
1 Töpfchen Basilikum oder 1 TL getrocknetes
2 Eigelb
75 g Mehl
weißer Pfeffer
1 Prise geriebene Muskatnuß
etwas Zitronensaft
Butter zum Einfetten der Form und für Butterflöckchen

Kartoffeln schälen, waschen und in grobe Stücke schneiden. In Salzwasser ca. 25 Minuten kochen. Spinat verlesen, waschen und grob hacken. ½ Eßlöffel Butter schmelzen, Spinat zugeben und 5 Minuten dünsten.

Kartoffeln abgießen, restliche Butter zufügen und die Kartoffeln zerstampfen. Den Brei unter ständigem Rühren im Topf trocknen. Den Spinat auch trocknen.

Käse reiben. Kräuter abspülen, trockenschütteln und fein schneiden.

Kartoffeln, Spinat, Eigelb, 100 g Käse und Kräuter mischen. Mehl, Salz, Pfeffer, Muskat und einige Tropfen Zitronensaft zufügen und gründlich durchkneten. Abschmecken. Mit zwei Teelöffeln Nockerln vom Teig abstechen. Reichlich Wasser mit Salz in einem Topf aufkochen. Die Nockerln darin solange garziehen lassen, bis sie an der Oberfläche schwimmen.

Nockerln mit einer Schaumkelle herausnehmen, gut abtropfen lassen und in eine gebutterte Auflaufform geben. Restlichen Käse darüberstreuen, Butterflöckchen darauf verteilen. Grillen, bis der Käse zerlaufen ist.

Zubereitungszeit ca. 1 ¼ Stunden

Fruchtiger Kartoffelsalat mit Walnüssen

Zutaten:
750 g Kartoffeln (festkochend)
Salz
½ Bund Lauchzwiebeln
1 Dose (850 g) Ananas in Scheiben
1 kleine Dose Mandarin-Orangen
20 g Butter oder Margarine
3 EL Essig
weißer Pfeffer
1 kleines Brathähnchen (fertig gekauft)
50 g Walnußkerne
4 EL Salatmayonnaise
1 Becher (150 g) Crème fraîche
1 TL mittelscharfer Senf
1 TL Curry
1 EL Weinbrand
Zwiebelgrün

Kartoffeln gründlich waschen und in Salzwasser ca. 20 Minuten kochen. Dann abgießen, die Schale abziehen und abkühlen lassen.

Lauchzwiebeln putzen, waschen und in feine Ringe schneiden. Ananas und Mandarinen abtropfen lassen. Saft dabei auffangen.

Fett erhitzen. Die Lauchzwiebeln darin glasig werden lassen. Mit Saft und Essig ablöschen. Kurz einkochen lassen. Mit Salz und Pfeffer würzen.

Kartoffeln in Scheiben schneiden. Mit der heißen Zwiebel-Marinade mischen. Zugedeckt ca. 1 Stunde durchziehen lassen.

Hähnchen häuten. Fleisch von den Knochen lösen und in Stücke schneiden. Walnüsse grob hacken. Ananas in Stücke schneiden.

Für die Soße Mayonnaise, Crème fraîche und Senf glattrühren. Mit Salz, Pfeffer, Curry und Weinbrand abschmecken. Alle Zutaten vorsichtig mischen. Mit Zwiebelgrün garnieren.

Zubereitungszeit ca. 1 Stunde (ohne Wartezeit)

Kartoffel-Speck-Klöße

Zutaten:
- 800 g Kartoffeln (mehlig)
- Salz
- 200 g durchwachsener geräucherter Speck
- 5 Zwiebeln
- ca. ⅛ l Milch
- 100–125 g Speisestärke
- 1 Becher (200 g) Schlagsahne
- weißer Pfeffer

Kartoffeln gründlich waschen und ca. 20 Minuten in Salzwasser kochen. Speck fein würfeln und in einer trockenen Pfanne knusprig ausbraten. Zwiebeln schälen und – bis auf zwei – ebenfalls würfeln. Die anderen in Ringe schneiden und mit 3 Eßlöffeln angebratenem Speck zur Seite stellen.

Zwiebelwürfel in die Pfanne geben und kurz mit anbraten. Aus der Pfanne nehmen und auf Küchenpapier abtropfen lassen.

Von den Kartoffeln die Schale abziehen und noch heiß durch eine Kartoffelpresse drücken.

Milch erhitzen. Kartoffelmasse, Speisestärke, Salz, Milch und Speck-Zwiebel-Gemisch verkneten. Klöße daraus formen. Klöße in reichlich kochendes Salzwasser legen, einmal aufkochen und die Klöße 20–30 Minuten garziehen lassen.

Die restlichen Zwiebeln und den Speck in Sahne aufkochen, mit Salz und Pfeffer würzen. 5 Minuten durchziehen lassen. Zu den Klößen reichen.

Zubereitungszeit ca. 1 ½ Stunden

UNSER TIP

Klöße immer nur in einem weiten, großen Topf kochen. Und nur so viele einlegen, daß sie an der Oberfläche ausreichend Platz nebeneinander haben.

Rohe Kartoffelklöße mit Kräutern

Zutaten:
- 1,5 kg Kartoffeln (mehlig)
- ½ l Milch
- 50 g Grieß
- Salz
- weißer Pfeffer
- geriebene Muskatnuß
- je ½ Bund Petersilie, Schnittlauch und Dill
- 100 g Speisestärke
- 2 Brötchen vom Vortag
- 2 Zwiebeln
- 2 Knoblauchzehen
- 60 g Butter oder Margarine

Unser Tip

Die Klöße schmecken gut zu Rinderschmorbraten, Schweinebraten mit Kruste oder Schweinshaxen. Ideale Gemüsebeilage: Apfelrotkohl oder Rahmpfifferlinge.

Kartoffeln schälen, waschen und in feinen Streifen in eine Schüssel mit kaltem Wasser raspeln. Abtropfen lassen, aber das Wasser auffangen. Stehenlassen, bis sich die Stärke abgesetzt hat.

Das Wasser vorsichtig abgießen und die Stärke zu den Kartoffeln geben. Milch aufkochen, Grieß einstreuen, ca. 10 Minuten ausquellen lassen. Mit Salz, Pfeffer und Muskat kräftig abschmecken. Kräuter abspülen und fein schneiden.

Grießbrei, Speisestärke und Kräuter zu den Kartoffeln geben. Durchkneten.

Von den Brötchen die Rinde abreiben und beiseite stellen. Brötchen würfeln. Zwiebeln und Knoblauch schälen und würfeln. 30 g Fett erhitzen. Brötchenwürfel, Zwiebeln und Knoblauch darin anrösten.

Aus dem Kartoffelteig Klöße formen und jeweils mit Brotwürfeln füllen. Klöße in reichlich Salzwasser ca. 20 Minuten garziehen lassen. Restliches Fett und Brötchenbrösel aufschäumen lassen und auf die Klöße geben.

Zubereitungszeit ca. 1 ¼ Stunden

Kartoffelpfanne mit Blutwurst

Zutaten:
- 750 g Kartoffeln (festkochend)
- Salz
- 4 EL Öl
- weißer Pfeffer
- 375 g säuerliche Äpfel
- 150 g Zwiebeln
- 350 g Blutwurst (Ring)
- 30 g Butter oder Margarine
- 8 Stiele frischer Majoran oder 1 TL getrockneter

Am besten die Kartoffeln am Vortag waschen und in kochendem Salzwasser ca. 20 Minuten garen. Abgießen und die Schale abziehen. Abgedeckt stehenlassen.

Kartoffeln in Scheiben schneiden. Öl in einer großen Pfanne erhitzen und die Kartoffeln darin unter Wenden braten. Mit Salz und Pfeffer würzen.

Äpfel waschen, vierteln, entkernen und in Scheiben schneiden. Zwiebeln schälen und in Ringe schneiden. Die Blutwurst häuten und in Scheiben schneiden.

Fett erhitzen. Die Zwiebelringe darin bräunen. Blutwurst zugeben und kurz anbraten. Apfelscheiben zugeben und goldgelb werden lassen. Salzen und pfeffern. Alles unter die Bratkartoffeln mischen. Majoran abspülen. Blättchen von den Stielen zupfen und überstreuen.

Zubereitungszeit ca. 1 Stunde (ohne Wartezeit)

Unser Tip

Blutwurst gehört zu den Kochwürsten, die durch Erhitzen haltbar gemacht werden. Es gibt auch solche, die man zusätzlich räuchert – und viele regionale Sorten. Alle eignen sich für dieses Gericht. Die Kochwurst immer abgedeckt im Kühlschrank aufbewahren.

Kartoffel-Wirsing-Auflauf

Zutaten:
750 g Kartoffeln
Salz
1 Wirsingkohl (ca. 500g)
500 g Kasseler Braten
250 g Tomaten
weißer Pfeffer
Kümmel
3 Eier
⅜ l Milch
1 Prise geriebene
Muskatnuß
3 EL Paniermehl
30 g Butter oder Margarine
Fett für die Form

Kartoffeln gründlich waschen und in Salzwasser ca. 20 Minuten kochen. Dann abgießen, die Schale abziehen und die Kartoffeln in Scheiben schneiden.

Wirsing putzen, vierteln, waschen und in Streifen schneiden. In kochendem Salzwasser ca. 5 Minuten blanchieren. Dann abtropfen lassen.

Kasseler in Würfel schneiden. Tomaten waschen und in Scheiben schneiden. Eine feuerfeste Form fetten. Wirsing, Kasseler und ⅔ der Kartoffeln einschichten. Dabei mit Salz, Pfeffer und Kümmel bestreuen. Tomaten und restliche Kartoffeln obenauf legen.

Eier und Milch verquirlen. Mit Salz, Pfeffer und Muskat abschmecken. Eiermilch auf den Auflauf gießen. Mit Paniermehl und Kümmel bestreuen und das Fett in Flöckchen darauf verteilen. Im vorgeheizten Backofen (E-Herd: 200°/Gasherd: Stufe 3/Umluft: 180°) ca. 25–30 Minuten backen.

Zubereitungszeit ca. 1 ½ Stunden

Unser Tip

Legen Sie beim Einschichten einige Käse-Scheibletten mit in die Form. Sie geben dem Auflauf eine würzig-pikante Note.

Pellkartoffeln zu Matjes und grünen Bohnen

Zutaten:

1 kg neue Kartoffeln
Salz
750 g grüne Bohnen
8 Matjesfilets
1 kleiner Apfel
1 EL Zitronensaft
1 Becher (150 g) Meerrettich-Crème-fraîche
4 TL Wild-Preiselbeeren (aus dem Glas)
50 g geräucherter durchwachsener Speck
Dill zum Garnieren

Kartoffeln gründlich waschen und in Salzwasser ca. 20 Minuten kochen.

Bohnen putzen, waschen und in wenig leicht gesalzenem Wasser ca. 15 Minuten garen.

Matjes unter fließendem kalten Wasser abspülen, trockentupfen und auf Tellern anrichten. Apfel waschen, abtrocknen und das Kerngehäuse ausstechen. Den Apfel in 4 Scheiben schneiden und mit Zitronensaft beträufeln. Je 1 Eßlöffel Meerrettich-Crème-fraîche auf eine Apelscheibe geben. 1 Teelöffel Preiselbeeren daraufgeben. Neben den Matjes anrichten.

Speck würfeln. In einer Pfanne knusprig ausbraten. Bohnen abgießen und im Speck schwenken. Kartoffeln abgießen. Auf den Tellern verteilen und mit Dill garnieren.

Zubereitungszeit ca. 40 Minuten

UNSER TIP

Sollten die Matjes zu salzig sein, 30 Minuten in Buttermilch oder auch Wasser einlegen. Nochmal gründlich unter kaltem Wasser abspülen.

Kartoffelsalat mit Sojabohnensprossen

Zutaten:
500 g Kartoffeln (festkochend)
Salz
2 TL Kümmel
100 g Zwiebeln
250 g Sojabohnensprossen (frisch aus Glas oder Dose)
1 TL Thomy-Delikateß-Senf
1 TL Zitronensaft
½ TL Ingwerpulver
2 EL Kondensmilch
6 EL Thomy-Joghurt-Salat-Creme
gehackte Petersilie

Kartoffeln gründlich waschen und in Salzwasser mit Kümmel ca. 20 Minuten kochen. Abgießen, die Schale abziehen und die Kartoffeln auskühlen lassen. Dann in dünne Scheiben schneiden.

Zwiebeln schälen und fein würfeln. Sojabohnensprossen in ein Sieb geben und gut abspülen (Glas- oder Dosenware nur abtropfen lassen). Die vorbereiteten Zutaten mischen.

Für die Soße Senf, Zitronensaft, etwas Salz, Ingwerpulver, Kondensmilch und Joghurt-Salat-Creme verrühren. Abschmecken, auf die Kartoffeln geben und unterheben. Den Salat ca. 30. Minuten durchziehen lassen. Mit Petersilie bestreut servieren.

Zubereitungszeit ca. 30 Minuten (ohne Wartezeit)

UNSER TIP

Der Salat bekommt „Biß“, wenn Sie ihn mit gehackten Walnüssen, Sonnenblumen- oder Kürbiskernen bestreut servieren.

Kartoffelpuffer mit Käse überbacken

Zutaten:
- 1,25 kg Kartoffeln (mehlig)
- 3 kleine Zwiebeln
- 3 Eier
- Salz
- weißer Pfeffer
- ½ Becher (125 g) saure Sahne
- 2 EL Mehl
- 125 g Butterschmalz
- 2 Bund Petersilie
- 300 g mittelalter Gouda
- 250 g magerer, roher Schinken

Kartoffeln schälen und waschen. Zwiebeln schälen. Beides fein reiben (geht prima in einer Küchenmaschine).

Kartoffeln und Zwiebeln mit Eiern, Salz, Pfeffer, saurer Sahne und Mehl glattrühren. Abschmecken. Fett portionsweise erhitzen. Nacheinander ca. 16 Kartoffelpuffer auf beiden Seiten darin goldbraun backen. Kartoffelpuffer warm stellen.

Petersilie waschen, trockenschütteln und hacken. Käse grob raspeln. Schinken in feine Streifen schneiden. Mit Petersilie mischen.

Die Hälfte der Kartoffelpuffer mit Käse und Schinken belegen. Mit den übrigen Kartoffelpuffern abdecken. Darauf noch etwas Käse streuen. Unter dem vorgeheizten Grill oder bei höchster Hitze im Backofen 3–5 Minuten überbacken, bis der Käse geschmolzen ist.

Zubereitungszeit ca. 1 ½ Stunden

UNSER TIP

Dazu schmeckt ein knackig frischer Blattsalat. Probieren Sie mal neue Sorten wie Lollo bianco, Eichblatt- oder Romana-Salat.

Folienkartoffeln mit Möhren-Kräutersoße

Zutaten:
- 8 große Kartoffeln (à ca. 200 g)
- 200 g Möhren
- 1 Becher (200 g) Doppelrahm-Frischkäse „Kräuter der Provence"
- 1 Becher (150 g) Magermilchjoghurt
- Salz
- weißer Pfeffer
- 1 Kästchen Kresse

Kartoffeln gründlich waschen und einzeln in Alufolie einwickeln. Im vorgeheizten Backofen (E-Herd: 200°/Gasherd: Stufe 3/Umluft: 180°) ca. 50 Minuten backen.

Möhren schälen, waschen und – bis auf einige dünne Scheiben – grob raspeln. Frischkäse und Joghurt verrühren. Mit Salz und Pfeffer würzen. Kresse – wenn nötig – kurz abspülen und von den Stielen abschneiden. Ein Sträußchen beiseite legen. Möhren und die übrige Kresse unter die Frischkäsesoße rühren.

Kartoffeln zur Hälfte aus der Folie wickeln und die Kartoffeln aufbrechen. Auf Tellern anrichten und mit Möhren-Kräutersoße füllen. Mit Möhrenscheiben und Kressesträußchen garnieren.

Zubereitungszeit ca. 1 Stunde

Unser Tip

Wer Kalorien sparen möchte, nimmt statt Doppelrahm-Frischkäse kalorienreduzierten Frischkäse mit nur 10% Fett.

Kartoffel-Krabben-Suppe

Zutaten:
750 g Kartoffeln (mehlig)
1 Bund Suppengrün
Salz
½ Becher (125 g) Schlagsahne
1 TL gekörnte Brühe
weißer Pfeffer
2 Zwiebeln
100 g durchwachsener geräucherter Speck
1 EL Butter oder Margarine
1 Bund Petersilie
200 g Nordsee-Krabbenfleisch

UNSER TIP

Unsere Nordseekrabben, zoologisch heißen sie Garnelen – gibt's ungeschält und geschält zu kaufen. Meist nur an der Küste. Aber Sie können tiefgefrorene und Konserven verwenden. Preisgünstiger, aber nicht so aromatisch, sind die Grönlandkrabben aus der Dose.

Kartoffeln und Suppengrün putzen, schälen, waschen und in Stücke schneiden. Kartoffeln und Suppengrün in ca. 1 Liter Salzwasser ca. 25 Minuten kochen. Dann mit dem Schneidstab des Handrührgerätes pürieren.

Sahne zugießen. Die Suppe mit gekörnter Brühe, Salz und Pfeffer abschmecken.

Zwiebeln schälen. Zwiebeln und Speck in kleine Würfel schneiden. Fett erhitzen. Zwiebel- und Speckwürfel darin knusprig braten. Petersilie waschen, trockenschütteln und hacken. Alles zusammen mit den Krabben in die Suppe geben und kurz darin erwärmen.

Zubereitungszeit ca. 1 Stunde

Bratkartoffeln mit Mettwurst und Bohnen

Zutaten:
- 800 g Kartoffeln (festkochend)
- Salz
- 1 Packung (300 g) tiefgefrorene Brechbohnen
- 2 Zwiebeln
- 250 g Schweinemettwurst (im Stück)
- 40 g Schweineschmalz
- Cayennepfeffer
- 1 Prise geriebene Muskatnuß
- 1 Kästchen Kresse

Unser Tip

Gekochte Kartoffeln – egal welche – nie im Kühlschrank aufbewahren. Dabei geben sie ihre natürliche Feuchtigkeit ab und werden unangenehm glasig, u.a. dadurch, daß man sie ja abdekken muß. Außerhalb der Kühlung bleiben sie – nur locker mit Alufolie abgedeckt – trocken.

Kartoffeln am besten am Vortag waschen und in kochendem Salzwasser ca. 20 Minuten kochen. Abgießen und die Schale abziehen. Locker abgedeckt stehenlassen.

Bohnen in kochendem Salzwasser ca. 15 Minuten garen. Zwiebeln schälen und in feine Ringe schneiden. Mettwurst häuten. Wurst halbieren und in Scheiben schneiden. Bohnenwasser abgießen. Kartoffeln in Scheiben schneiden.

Schmalz in einer großen Pfanne erhitzen. Kartoffeln unter Wenden darin ca. 15 Minuten goldbraun braten. Zwiebelringe zugeben und glasig werden lassen. Bohnen und Wurst untermischen und 5 Minuten darin erhitzen. Mit Salz, Pfeffer und Muskatnuß würzen. Kresse abschneiden und daraufstreuen.

Zubereitungszeit ca. 1 Stunde (ohne Wartezeit)

Kartoffel-Apfel-Auflauf

Zutaten:
- 1 Bund Lauchzwiebeln
- 20 g Butter oder Margarine
- 750 g Kartoffeln (mehlig)
- 200 g weiße Champignons
- 2 Äpfel (z.B. Golden Delicious)
- Salz
- geriebene Muskatnuß
- weißer Pfeffer
- 2 Becher (à 200 g) Schlagsahne
- 4 Eigelb
- 75 g Emmentaler

Lauchzwiebeln putzen, waschen und in dünne Ringe schneiden. Fett erhitzen. Die Lauchzwiebeln darin glasig braten.

Kartoffeln schälen, waschen und in dünne Scheiben schneiden. Champignons putzen, waschen und blättrig schneiden. Äpfel waschen, vierteln, schälen und entkernen. Längs in dünne Spalten schneiden.

Ein Drittel der Kartoffeln in eine flache Auflaufform geben, mit der Hälfte der Lauchzwiebeln bedecken. Die Hälfte der Äpfel und die Champignons darauf verteilen. Zwischendurch mit Salz, Muskatnuß und Pfeffer würzen. Die restlichen Zutaten einschichten. Letzte Schicht: Kartoffeln.

Sahne und Eigelb verquirlen und würzen. Käse reiben. Eiersahne über den Auflauf gießen und mit Käse bestreuen. Im vorgeheizten Bachofen (E-Herd: 200°/Gasherd: Stufe 3/Umluft: 180°) 35-40 Minuten backen.

Zubereitungszeit ca. 1 ½ Stunden

Unser Tip

Der Auflauf schmeckt gut zu kurzgebratenem Fleisch, zu Hähnchen oder zu gedünstetem Fischfilet.

Saftiger Napfkuchen mit Aprikosen

Zutaten:
- 250 g Kartoffeln (mehlig)
- 50 g getrocknete Aprikosen
- 5 Eier
- abgeriebene Schale einer ½ unbehandelten Zitrone
- 1 EL Rum
- 150 g Zucker
- 50 g geriebene Haselnüsse
- 25 g Grieß
- 50 g Puderzucker
- Fett und Paniermehl für die Form

Kartoffeln schälen und waschen. In kochendem Wasser ca. 20 Minuten garen. Abgießen und auskühlen lassen.

Aprikosen fein würfeln, Kartoffeln zerdrücken. Eier trennen. Eigelb, Zitronenschale, Rum und Zucker mit den Schneebesen des Handrührgerätes schaumig schlagen.

Kartoffeln, Haselnüsse, Aprikosen und Grieß mischen und mit der Eigelb-Masse verrühren. Eiweiß steif schlagen. Locker unter den Teig heben.

In eine ausgefettete, mit Paniermehl ausgestreute Napfkuchenform (1 Liter Inhalt) füllen und glattstreichen. Im vorgeheizten Backofen (E-Herd: 200°/ Gasherd: Stufe 3/Umluft: 180°) ca. 1 Stunde backen. Mit Puderzucker bestäuben.

Zubereitungszeit ca. 1 ½ Stunden (ohne Wartezeit)

Unser Tip

Die getrockneten Aprikosen können Sie durch getrocknete Äpfel, Birnen oder Pflaumen ersetzen. Oder Sie verwenden statt dessen 100 g kernlose Rosinen.

Speckkartoffeln mit frischer Quarkcreme

Zutaten:
500 g Sahnequark
100 ml Milch
Salz
weißer Pfeffer
1 Bund Radieschen
1 Bund Lauchzwiebeln
1 kg neue Kartoffeln
150 g durchwachsener geräucherter Speck

UNSER TIP

Mit frischen Kräutern werden die Kartoffeln besonders aromatisch. Geben Sie einige Salbeiblätter oder Rosmarinnadeln mit in das Speckfett oder streuen Sie zum Schluß feingeschnittene Petersilie oder Schnittlauchröllchen darüber.

Quark mit Milch glattrühren. Mit Salz und Pfeffer abschmecken.

Radieschen putzen, waschen und in dünne Stifte schneiden. Lauchzwiebeln putzen, waschen und in dünne Ringe schneiden. Von beidem etwas zum Garnieren beiseite legen. Radieschen und Lauchzwiebeln unter den Quark heben. Durchziehen lassen.

Kartoffeln gründlich waschen und ca. 20 Minuten in Salzwasser kochen. Speck in feine Streifen schneiden. In einer Pfanne goldbraun braten.

Kartoffeln abgießen und die Schale abziehen. Zum Speck geben und kurz durchschwenken.

Quarkcreme anrichten. Mit dem beiseite gelegten Gemüse garnieren. Dazu die Speckkartoffeln reichen.

Zubereitungszeit ca. 45 Minuten

Kartoffel-Gemüse-Salat

Zutaten:
- 1 kg Kartoffeln (festkochend)
- Salz
- 1 kleiner Blumenkohl
- 250 g Möhren
- 1 Packung (300 g) tiefgefrorene Brechbohnen
- 4 mittelgroße Gewürzgurken (aus dem Glas)
- 1 Zwiebel
- 4 Sardellenfilets
- 1 Glas (250 g) Salatmayonnaise
- 2 Becher (à 150 g) Vollmilchjoghurt
- weißer Pfeffer
- Petersilie zum Garnieren.

Kartoffeln waschen und in reichlich Salzwasser ca. 20 Minuten kochen. Kartoffeln abgießen, heiß abziehen und abkühlen lassen. Dann in Scheiben schneiden.

Blumenkohl putzen, waschen und in Röschen teilen. Möhren schälen, waschen, halbieren und in Scheiben schneiden.

1 Liter Salzwasser aufkochen. Das Gemüse, auch die unaufgetauten Bohnen, hineingeben. Zugedeckt ca. 15 Minuten garen. Anschließend abtropfen lassen.

Die Gewürzgurken kleinschneiden. Zwiebel schälen und würfeln. Sardellenfilets kurz abspülen und fein hacken.

Mayonnaise, Joghurt, Zwiebel und Sardellenfilets verrühren. Mit Salz, Pfeffer und Gurkensud abschmecken. Kartoffeln, Gemüse und Gewürzgurken unterheben. Zugedeckt 1 Stunde durchziehen lassen. Abschmecken und mit Petersilie garniert servieren.

Zubereitungszeit ca. 1 Stunde (ohne Wartezeit)

Unser Tip

Zu dem Kartoffel-Gemüse-Salat schmekken Wiener Würstchen oder Frikadellen.

Munstertaler Kartoffelpfanne

Zutaten:
- 250 g durchwachsener geräucherter Speck
- 1 kg Kartoffeln (festkochend)
- 500 g Zwiebeln
- 1 TL Kümmel
- Salz
- weißer Pfeffer
- 6 EL Elsässer Weißwein
- 250 g Munster Käse (Géromé)
- 1 Bund Schnittlauch
- 1 Bund Petersilie

Speck fein würfeln und in einer großen schweren Pfanne auslassen.

Kartoffeln schälen, waschen und in dünne Scheiben schneiden. Zwiebeln schälen und grob hacken.

Speckwürfel und das Speckfett bis auf etwa 2 Teelöffel aus der Pfanne nehmen. Lagenweise Kartoffeln und Zwiebeln in die Pfanne schichten. Dabei mit Kümmel, Salz und Pfeffer bestreuen. Speckfett darüber träufeln und die Speckwürfel daraufstreuen. Letzte Schicht Kartoffeln. Wein darauf gießen. Zugedeckt ca. 45 Minuten garen. Dabei die Pfanne hin und wieder rütteln oder den Pfanneninhalt einige Male wenden.

Käse in dicke Scheiben schneiden. Auf die Kartoffeln legen und zugedeckt schmelzen lassen. Kräuter abspülen, trockenschütteln und fein schneiden. Auf das Gericht streuen.

Zubereitungszeit ca. 1 ¼ Stunden

UNSER TIP

Dazu einen grünen Salat in einer leichten Essig-Öl-Marinade (Vinaigrette) mit einer Spur Knoblauch reichen.

ESLING

Deftige Kartoffelsuppe

Zutaten:
- ½ kleine Salatgurke
- 2 Möhren
- 2 Zwiebeln
- 50 g durchwachsener geräucherter Speck
- 30 g Butter oder Margarine
- ½ Stange Porree (Lauch)
- ¾ l Fleischbrühe (Instant)
- 1 Packung Kartoffelsuppe
- 400 g gekochtes Rindfleisch
- Salz
- weißer Pfeffer
- 1 Becher (150 g) saure Sahne
- 2 EL feingehackte frische Kräuter

Gurke schälen, längs halbieren, aushöhlen und das Fruchtfleisch in dünne Scheiben schneiden. Möhren schälen, waschen und in Scheiben schneiden. Zwiebeln schälen. Zwiebeln und Speck würfeln. Speck in einem Topf auslassen. Speckwürfel herausnehmen und beiseite stellen. Fett ins Speckfett geben und erhitzen. Gurke, Möhren und Zwiebeln darin leicht anbraten.

Porree putzen, waschen und in Ringe schneiden. Zum Gemüse geben. Brühe angießen und 5 Minuten leise kochen lassen.

Dann Kartoffelsuppenpulver einrühren und aufkochen. Fleisch würfeln und in der Suppe erhitzen. Mit Salz und Pfeffer würzen. Vorm Servieren die Suppe mit Speckwürfeln bestreuen, mit saurer Sahne und Kräutern garnieren.

Zubereitungszeit ca. 30 Minuten

Bratkartoffeln mit geräucherter Makrele

Zutaten:
- 2 Zwiebeln
- 60 g Bacon (Frühstücksspeck)
- 800 g mittelgroße Kartoffeln
- 50 g Butterschmalz
- ½ Töpfchen frischer Majoran (ersatzweise 1 TL getrockneter)
- 1 geräucherte Makrele (ca. 350 g)
- 300 g tiefgefrorene Erbsen
- Salz
- weißer Pfeffer

Zwiebeln schälen und in Ringe schneiden, den Bacon in feine Streifen. Kartoffeln schälen, waschen und längs vierteln.

Butterschmalz in einer großen Pfanne erhitzen. Bacon darin ausbraten. Kartoffeln zugeben und 20 Minuten braten. In den letzten 10 Minuten die Zwiebeln zugeben und goldgelb werden lassen.

Majoran abspülen, trockenschütteln, etwas zum Garnieren beiseite legen. Blättchen von den Stielen zupfen. Die Makrele häuten. Die Filets von den Gräten lösen und in mundgerechte Stücke teilen.

Majoran und die tiefgefrorenen Erbsen zu den Bratkartoffeln geben und unter Wenden 6 Minuten mitgaren. Mit Salz und Pfeffer würzen. Makrelenstückchen vorsichtig unterheben. Bratkartoffeln anrichten und mit Majoran garnieren.

Zubereitungszeit ca. 45 Minuten

Unser Tip

Gut schmeckt dazu ein Klecks Crème fraîche pur oder ein Klecks Meerrettich. Und dazu darf's dann sicher auch mal ein Bier sein.

Kartoffelpudding mit Schinken-Tomatensoße

Zutaten:
- 750 g Kartoffeln (mehlig)
- Salz
- 2 Zwiebeln
- 150 g gekochter Schinken
- 30 g Butterschmalz
- 3 Eier
- 50 g Mehl
- 1 TL getrockneter Majoran
- weißer Pfeffer
- geriebene Muskatnuß
- 1 Becher (150 g) Schlagsahne
- 30 g Butterschmalz und Paniermehl für eine verschließbare Puddingform
- 400 g Tomaten
- 30 g Butter
- 100 ml klare Brühe (Instant)
- 200 ml Milch
- 1 Bund Petersilie
- 1 Bund Schnittlauch

Kartoffeln gründlich waschen und in Salzwasser 25–30 Minuten kochen.

Zwiebeln schälen, würfeln. Schinken klein würfeln. Butterschmalz erhitzen und die Zwiebeln darin anrösten. Schinken zufügen und anbraten.

Kartoffeln abziehen und kleindrükken. Eier trennen. Eigelb, Zwiebel-Schinken-Gemisch, 30 g Mehl und Majoran unter die Kartoffeln arbeiten. Mit Salz, Pfeffer und Muskat würzen. Eiweiß und 100 ml Sahne getrennt steif schlagen und unterziehen.

Kartoffelteig in eine gefettete Puddingform füllen. Form schließen und in einen hohen Kochtopf stellen. Soviel heißes Wasser angießen, daß die Form zu etwa ⅔ darin steht. Pudding ca. 1 ¼ Stunden garen. 10 Minuten in der Form stehenlassen.

Tomaten überbrühen, häuten und würfeln. Butter erhitzen, restliches Mehl darin anschwitzen. Mit Brühe und Milch ablöschen. Kurz durchkochen. Restliche Sahne und Tomaten zufügen. Mit Salz und Pfeffer abschmecken. Kräuter fein schneiden und untermischen. Pudding aus der Form stürzen und servieren.

Zubereitungszeit ca. 2 ½ Stunden

Die
BUTTERSCHMALZ
Küche

Rezepte